المدرسة - škola   2

سفر - putovanje   5

نقل - transport   8

مدينة - grad   10

طبيعة ريفية - krajolik   14

مطعم - restoran   17

سوبرماركت - supermarket   20

مشروبات - napitci   22

طعام - jelo   23

مزرعة - seosko gazdinstvo   27

بيت - kuća   31

غرفة جلوس - dnevna soba   33

مطبخ - kuhinja   35

الحمّام - kupaonica   38

غرفة الأطفال - dječija soba   42

ثياب - odjeća   44

مكتب - ured   49

اقتصاد - gospodarstvo   51

المهن - zanimanja   53

عدة عمل - alati   56

آلات موسيقية - glazbeni instrument   57

حديقة حيوانات - zoološki vrt   59

رياضة - šport   62

نشاطات - aktivnosti   63

عائلة - obitelj   67

الجسم - tijelo   68

المستشفى - bolnica   72

حالة - hitni slučaj   76

أرض - zemlja   77

ساعة - sat   79

أسبوع - tjedan   80

سنة - godina   81

أشكال - oblici   83

ألوان - boje   84

الأضداد - suprotnosti   85

أرقام - brojevi   88

اللغات - jezici   90

من / ماذا / كيف - tko / što / kako   91

أين - gdje   92

AF189890

Impressum

Verlag: BABADADA GmbH, Nedderfeld 112 , 22529 Hamburg

Geschäftsführer / Verlagsleitung: Harald Hof

Druck: Books on Demand GmbH, In de Tarpen 42, 22848 Norderstedt

Imprint

Publisher: BABADADA GmbH, Nedderfeld 112 , 22529 Hamburg, Germany

Managing Director / Publishing direction: Harald Hof

Print: Books on Demand GmbH, In de Tarpen 42, 22848 Norderstedt, Germany

المدرسة

škola

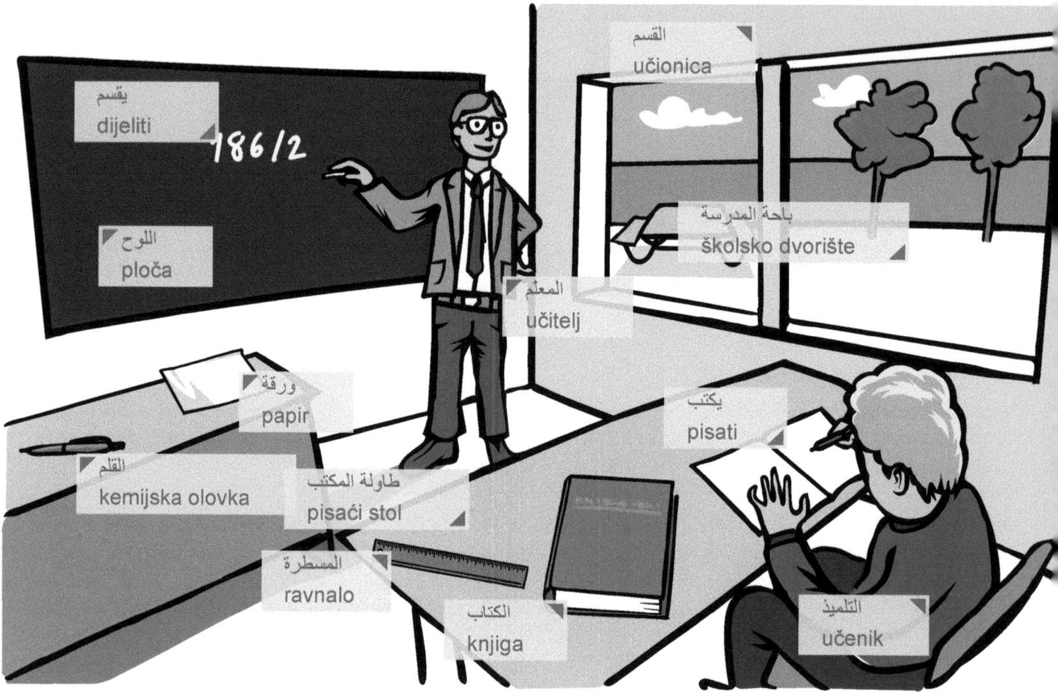

القسم
učionica
يقسم
dijeliti
186/2
اللوح
ploča
باحة المدرسة
školsko dvorište
المعلّم
učitelj
ورقة
papir
يكتب
pisati
القلم
kemijska olovka
طاولة المكتب
pisaći stol
المسطرة
ravnalo
الكتاب
knjiga
التلميذ
učenik

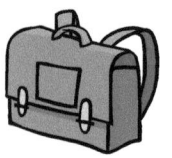

الحقيبة المدرسية

torba

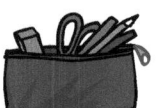

المقلمة

pernica

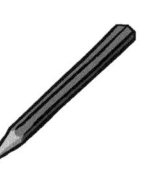

قلم الرصاص

grafitna olovka

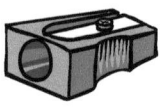

البرّاية

šiljilo za olovke

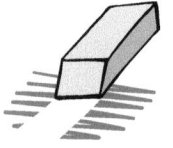

المِمحاة

gumica za brisanje

دفتر الرسم

blok za crtanje

الرسمة

crtež

الفرشاة

kist

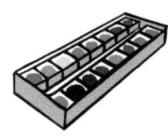

علبة التلوين

kutija s bojama

المقص

makaze

المادة اللاصقة

ljepilo

دفتر التمارين

bilježnica

الواجب المدرسي

domaći zadatak

broj

الرقم

يجمع

sabirati

يطرح

oduzimati

يضرب

množiti

يحسب

računati

الحرف

slovo

الأبجدية

abeceda

كلمة

riječ

النص

tekst

يقرأ

čitati

الطبشور

kreda

الحصة

sat

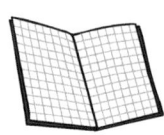

دفتر الدوام المدرسي

dnevnik

الامتحان

ispit

شهادة

svjedodžba

اللباس المدرسي

školska uniforma

التعليم

obrazovanje

الموسوعة

leksikon

الجامعة

sveučilište

المجهر

mikroskop

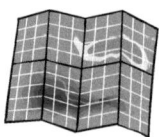

الخريطة

karta

قماما

košara za papir

سفر
putovanje

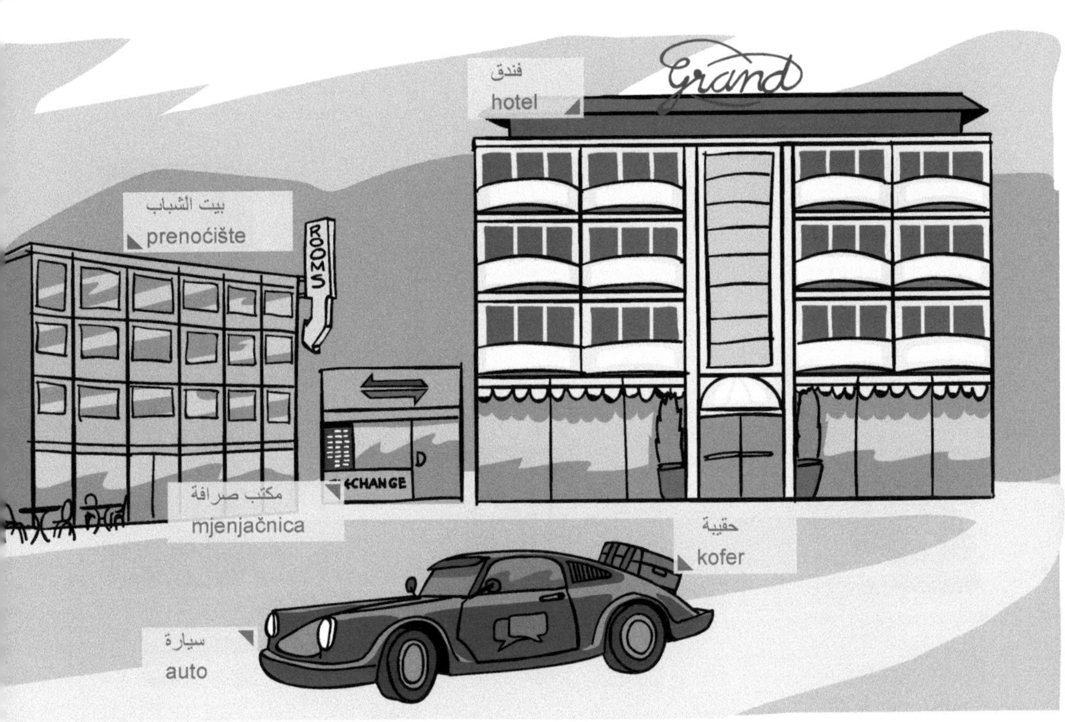
فندق
hotel
Grand
بيت الشباب
prenoćište
ROOMS
مكتب صرافة
mjenjačnica
EXCHANGE
حقيبة
kofer
سيارة
auto

اللغة
jezik

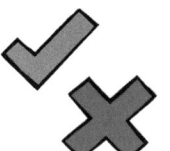

نعم / لا
da / ne

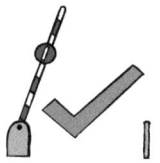

حسناً
okay

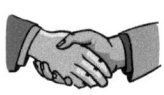

مرحباً
zdravo

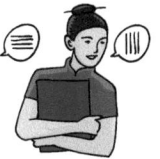

مترجم
prevoditelj

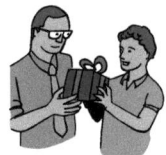

شكراً
hvala

كم ثمن ... ؟

Koliko košta...?

لا أفهم

ne razumijem

مشكلة

problem

مساء الخير

dobro veče!

صباح الخير!

Dobro jutro!

ليلة سعيدة

Laku noć!

إلى اللقاء

doviđenja

اتجاه

smjer

أمتعة السفر

prtljaga

حقيبة

torba

حقيبة ظهر

ruksak

ضيف

gost

غرفة

soba

كيس للنوم

vreća za spavanje

خيمة

šator

استعلامات سياحية

turističke informacije

شاطئ

plaža

بطاقة ائتمان

kreditna kartica

إفطار

doručak

طعام الغداء

ručak

العشاء

večera

بطاقة سفر

karta za vožnju

مصعد

dizalo

طابع بريدي

poštanska markica

حدود

granica

الجمارك

carina

سفارة

ambasada

تأشيرة

viza

جواز سفر

putovnica

transport

طائرة
zrakoplov

سفينة
brod

سيارة إطفاء
vatrogasno vozilo

حافلة
autobus

سيارة شاحنة
teretno vozilo

زورق آلي
motorni čamac

درّاجة
biciklo

سيارة
auto

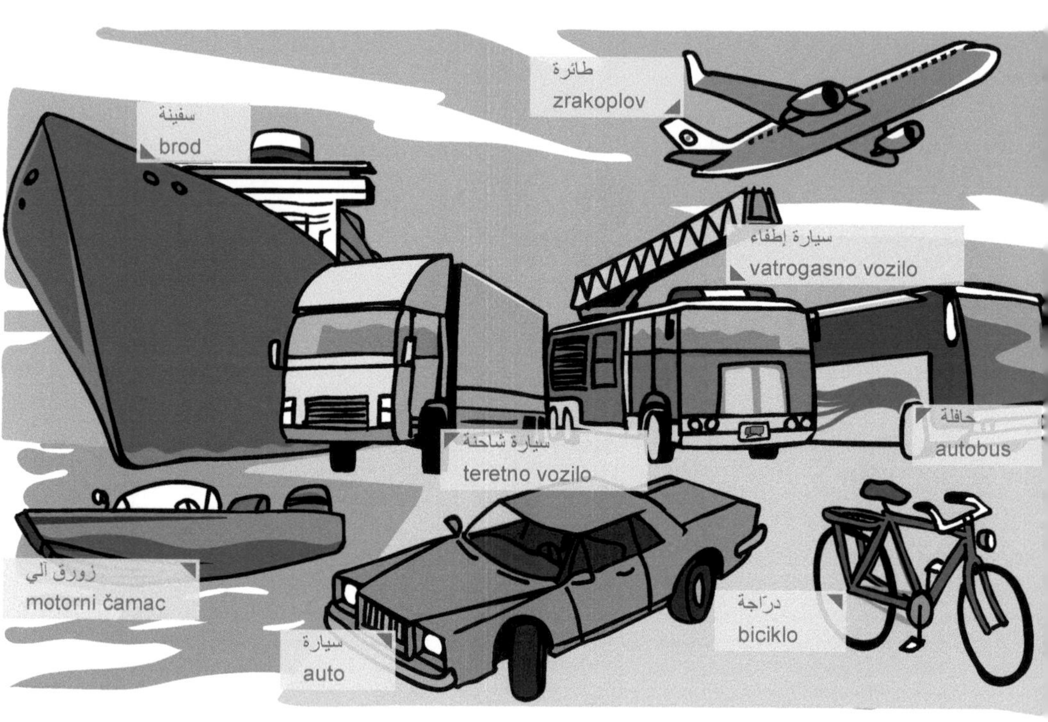

عبّارة
....
trajekt

قارب
....
čamac

دراجة نارية
....
motocikl

سيارة شرطة
....
policijski auto

سيارة سباق
....
trkaći auto

سيارة مستأجرة
....
iznajmljeno auto

أسلوب تشاركي في استئجار السيارا

dijeljenje automobila

سيارة للجر

vučno vozilo

سيارة نقل القمامة

vozilo za odvoz smeća

محرك

motor

وقود

benzin

محطة وقود

benzinska postaja

إشارة مرور

prometni znak

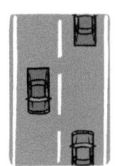

حركة السير

promet

ازدحام سير

zastoj

موقف سيارات

parkiralište

محطة قطار

kolodvor

سكك حديدية

šine

قطار

vlak

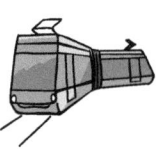

ترام

tramvaj

عربة قطار

vagon

طائرة مروحية

helikopter

مطار

zrakoplovna luka

برج

toranj

مسافر

putnik

حاوية

kontejner

علبة كرتون

karton

عربة يد

kolica

سلّة

košara

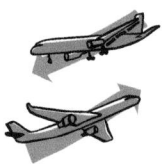

يقلع / يهبط

uzletjeti / sletjeti

مدينة

grad

قرية

selo

مركز المدينة

centar grada

بيت

kuća

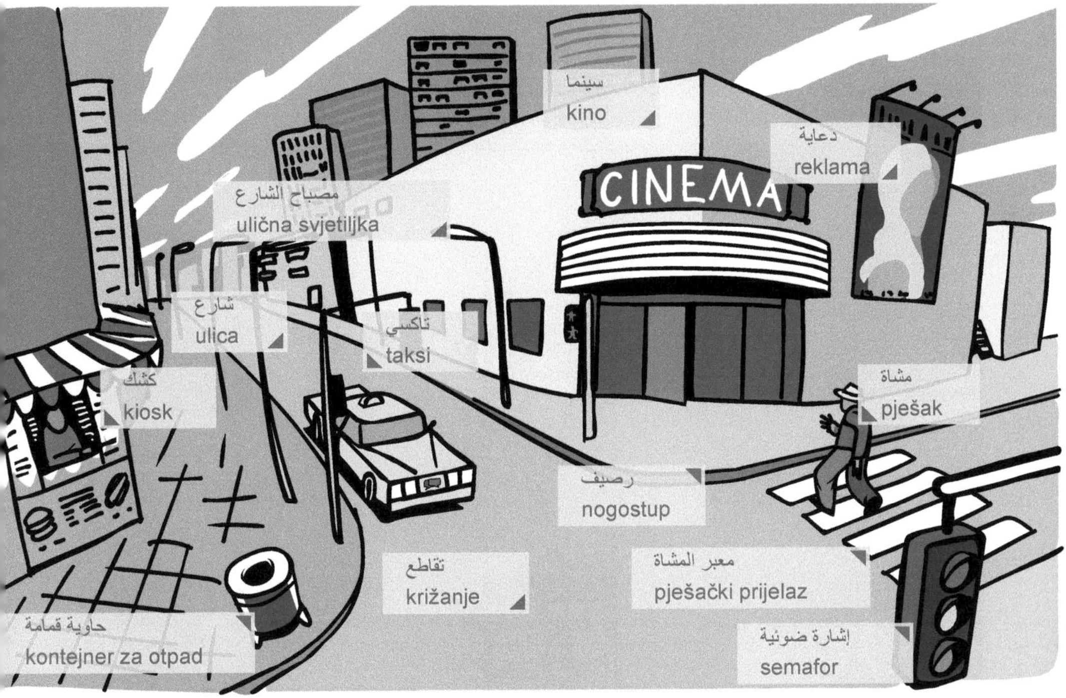

سينما
kino
دعاية
reklama
CINEMA
مصباح الشارع
ulična svjetiljka
شارع
ulica
تاكسي
taksi
مشاة
pješak
كشك
kiosk
رصيف
nogostup
تقاطع
križanje
معبر المشاة
pješački prijelaz
حاوية قمامة
kontejner za otpad
إشارة ضوئية
semafor

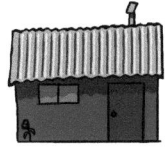

كوخ

koliba

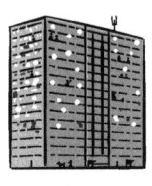

شقة

stan

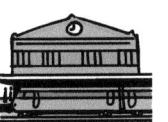

محطة قطار

kolodvor

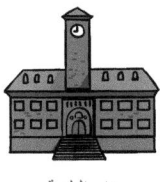

دار البلدية

vijećnica

MUSEUM

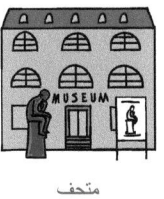

متحف

muzej

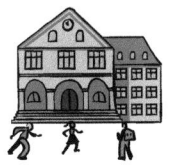

المدرسة

škola

الجامعة

sveučilište

مصرف

banka

المستشفى

bolnica

فندق

hotel

صيدلية

ljekarna

مكتب

ured

مكتبة

knjižara

متجر

prodavaonica

محل لبيع الزهور

cvjećara

سوبرماركت

supermarket

سوق

trg

متجر كبير

robna kuća

تاجر السمك

ribarnica

مركز تسوّق

trgovački centar

ميناء

luka

حديقة عامة

park

مقعد

klupa

جسر

most

درج، سلم

stepenice

مترو

podzemna željeznica

نفق

tunel

موقف حافلات

autobusna stanica

بار

bar

مطعم

restoran

صندوق البريد

poštansko sanduče

لافتة باسم الشارع

ulični znak

مقياس زمن الوقوف

parkirni sat

حديقة حيوانات

zoološki vrt

مسبح

bazen

مسجد

džamija

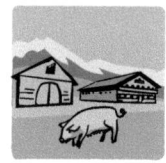

مزرعة

seosko gazdinstvo

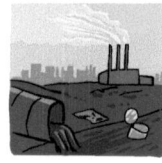

تلوث البيئة

zagađenje okoliša

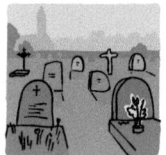

مقبرة

groblje

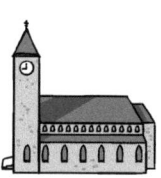

كنيسة

crkva

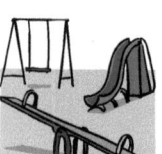

ملعب الأطفال

igralište

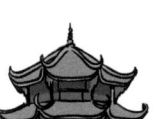

معبد

hram

طبيعة ريفية

krajolik

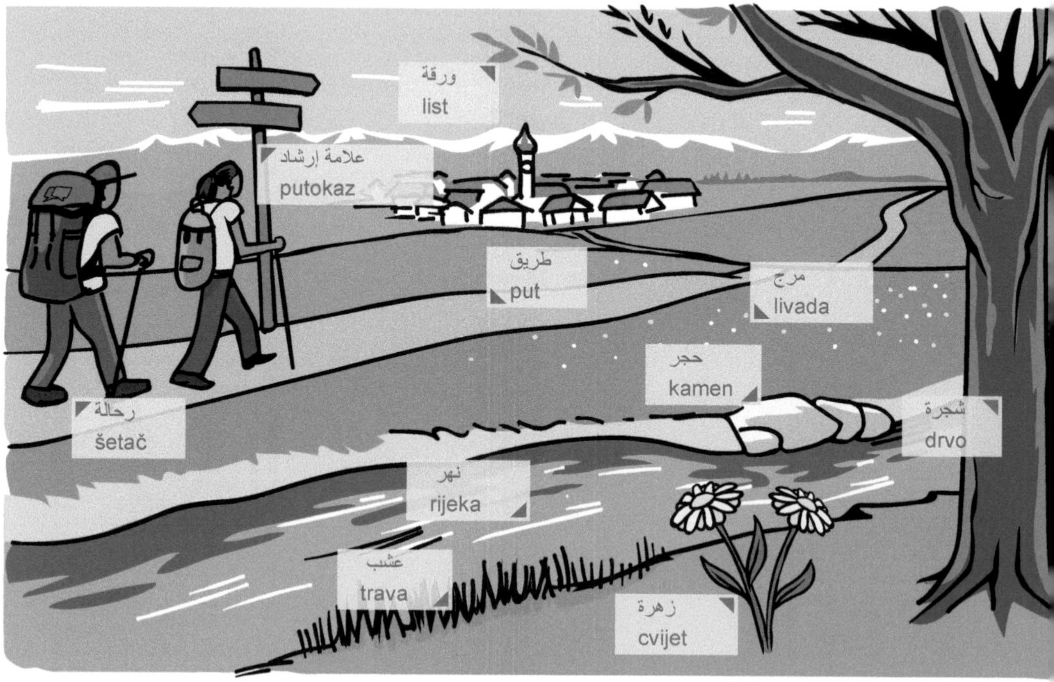
ورقة
list
علامة إرشاد
putokaz
طريق
put
مرج
livada
حجر
kamen
رحالة
šetač
شجرة
drvo
نهر
rijeka
عشب
trava
زهرة
cvijet

وادٍ

dolina

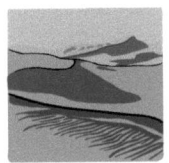

جبل

planina

بحيرة

jezero

غابة

šuma

صحراء

pustinja

بركان

vulkan

قلعة

dvorac

قوس قزح

duga

فطر

gljiva

نخلة

palma

بعوض

moskito

ذبّانة

muha

نملة

mrav

نحلة

pčela

عنكبوت

pauk

خنفساء

buba

ضفدعة

žaba

سنجاب

vjeverica

قنفذ

jež

أرنب

zec

بومة

sova

عصفور

ptica

بجعة

labud

خنزير برّي

divlja svinja

غزال

jelen

إلكة

los

سد

nasip

دولاب الطاحونة الهوائية

vjetrenjača

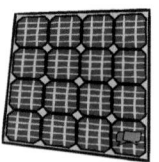

خلية شمسية

solarna ploča

مناخ

klima

مطعم

restoran

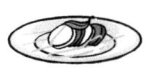

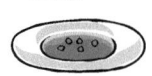

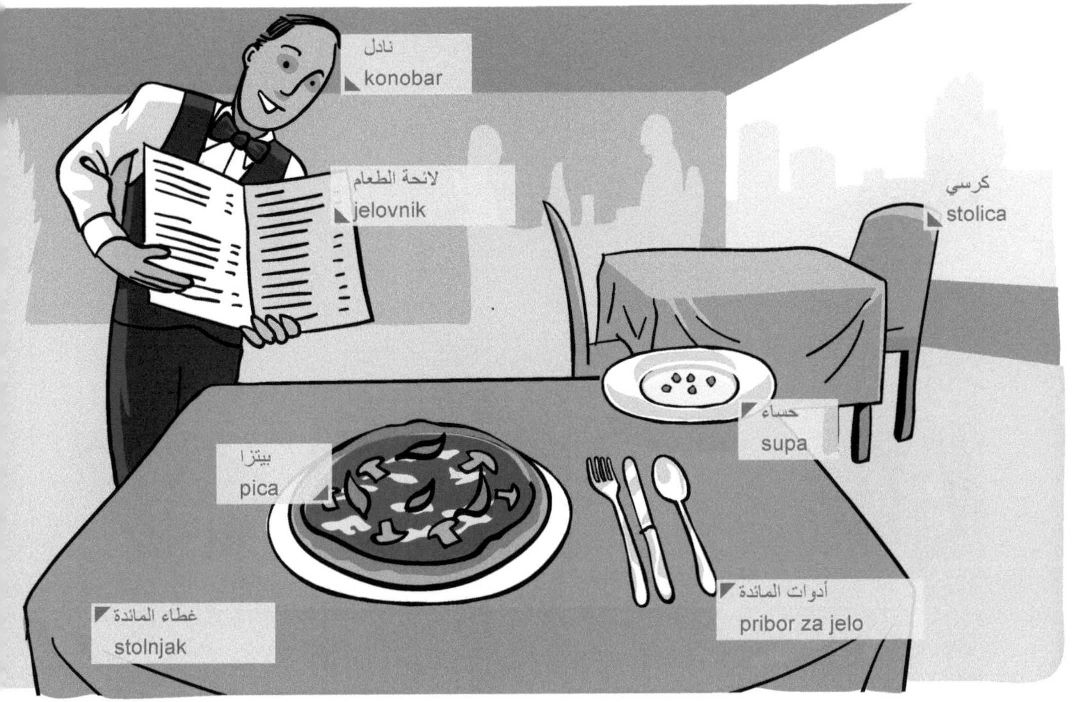

نادل
konobar
لائحة الطعام
jelovnik
كرسي
stolica
حساء
supa
بيتزا
pica
أدوات المائدة
pribor za jelo
غطاء المائدة
stolnjak

مقبلات
....
predjelo

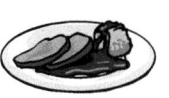

الصحن الرئيسي
....
glavno jelo

حلوى أو فاكهة بعد الطعام
....
desert

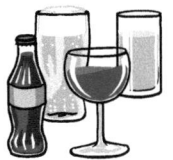

مشروبات
....
napitci

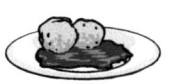

طعام
....
jelo

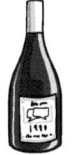

زجاجة
....
boca

وجبات سريعة

fastfood

طعام الشارع

imbis hrana

إبريق الشاي

čajnik

علبة السكر

doza za šećer

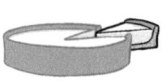

حصّة

porcija

آلة الإسبريسو

aparat za espresso

كرسي عالٍ

visoka stolica

فاتورة

račun

صينية

pladanj

سكين

nož

شوكة

vilica

ملعقة

žlica

ملعقة الشاي

čajna žlica

منديل المائدة

ubrus

كأس

čaša

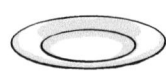

صحن

tanjur

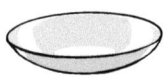

صحن الحساء

tanjur za supu

صحن الفنجان

tanjurić

صلصة

sos

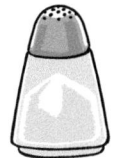

مملحة

soljenka

مطحنة الفلفل

mlin za biber

خلّ

ocat

زيت الطعام

ulje

توابل

začini

كتشاب

kečap

خردل

senf

مايونيز

majoneza

supermarket

عرض خاص
ponuda
FOR
زبون
kupac
مشتقات الحليب
mliječni proizvodi
فواكه
voće
عربة تسوّق
kolica za kupnju

BUTCHERS

جزّار
mesnica

BAKERY

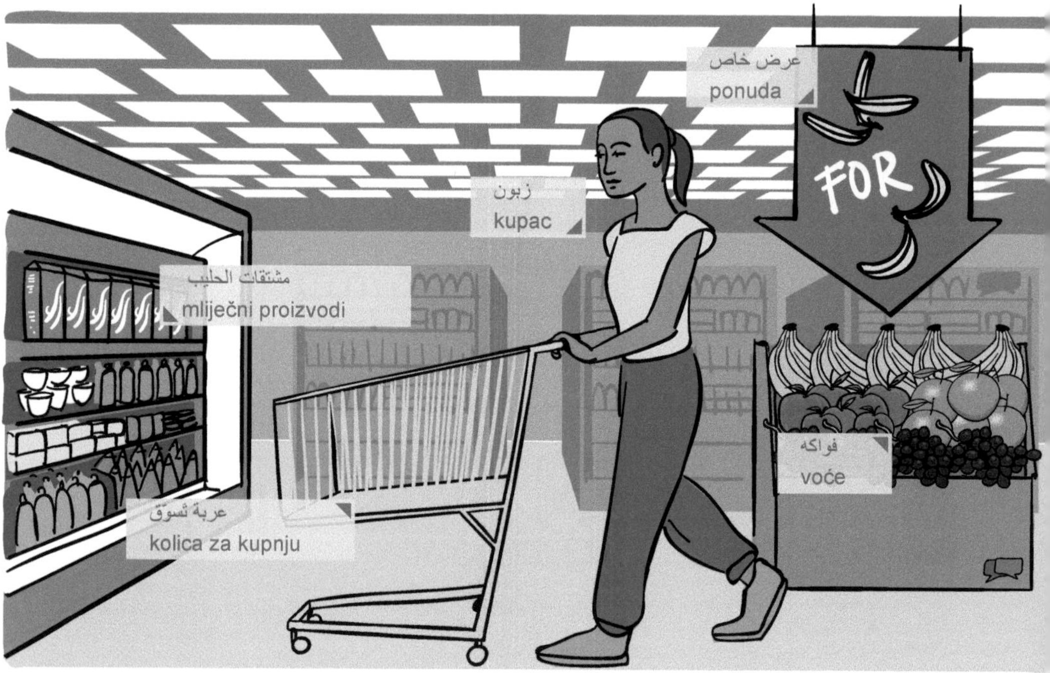

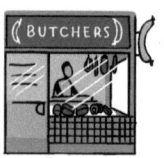

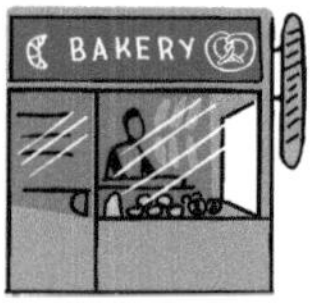

مخبز
pekarnica

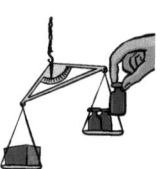

يزن
vagati

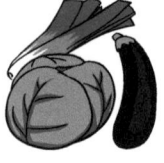

خضار
povrće

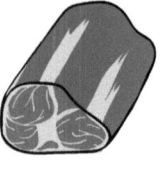

لحم
meso

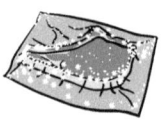

المأكولات المجمّدة
duboko smrznuta hrana

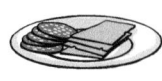

مرتدلا أو جبن

narezak

معلّبات

konzerve

مسحوق الغسيل

sredstvo za pranje

حلويات

slatkiši

المواد المنزلية

artikli za domaćinstvo

منظفات

sredstva za čišćenje

بائعة

prodavačica

صندوق الحساب

blagajna

أمين صندوق

blagajnik

قائمة المشتريات

lista za kupnju

أوقات العمل

vrijeme rada

محفظة النقود

novčanik

بطاقة ائتمان

kreditna kartica

حقيبة

torba

كيس بلاستيكي

plastična vrećica

ماء

voda

عصير

sok

حليب

mlijeko

كولا

cola

نبيذ

vino

بيرة

pivo

كحول

alkohol

كاكاو

kakao

شاي

čaj

قهوة

kava

قهوة إسبريسو

espresso

كابوتشينو

cappuccino

موزة

banana

تفاح

jabuka

برتقال

naranča

بطيخ

lubenica

ليمون

limun

جزرة

mrkva

ثوم

češnjak

خيزران

bambus

بصل

luk

فطر

gljiva

لوزيات

orašasti plodovi

شعيرية

rezanci

سباغيتي

špagete

أرز

riža

سلطة

salata

بطاطا مقلية

pomfrit

بطاطا مقلية

pečeni krumpir

بيتزا

pica

هامبورغر

hamburger

ساندويش

sendvič

شريحة لحم مقلية

šnicla

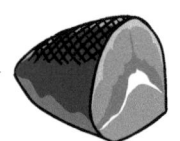

لحم خنزير

pršut

سلامي

salama

سجق

kobasica

دجاج

kokoš

لحم محمر

pečenje

سمك

riba

دقيق الشوفان

zobene pahuljice

موسلي

musli

كورن فلكس

kukuruzne pahuljice

طحين

brašno

كرواسان

roščić

خبز صغير

pecivo

خبز

kruh

خبز محمص

toast

بسكويت

keksi

زبدة

maslac

لبن زبادي

svježi sir

كعكة

kolač

بيضة

jaje

بيض مقلي

jaje na oko

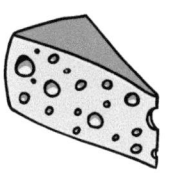

جبنة

sir

مُثَلّجات

sladoled

سكّر

šećer

عسل

med

مربّى الفاكهة

marmelada

كريم النوغا

nugat krema

الكاري

curry

مزرعة
seosko gazdinstvo

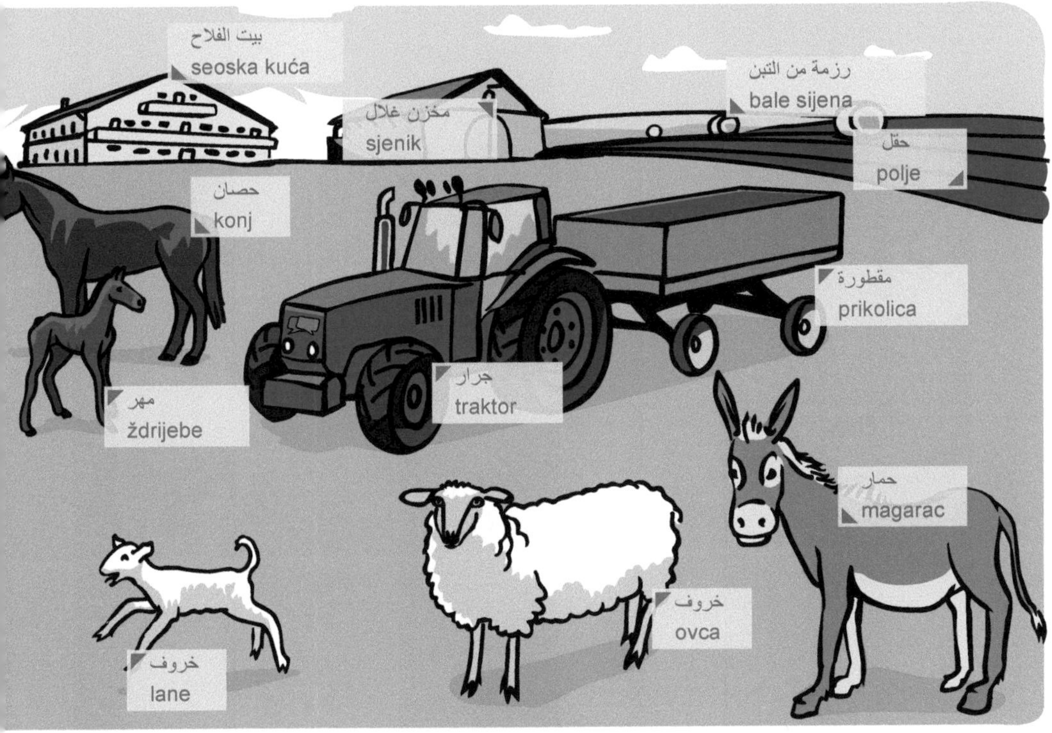
بيت الفلاح
seoska kuća
رزمة من التبن
bale sijena
مخزن غلال
sjenik
حقل
polje
حصان
konj
مقطورة
prikolica
جرار
traktor
مهر
ždrijebe
حمار
magarac
خروف
ovca
خروف
lane

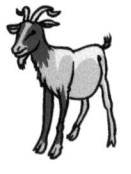

ماعز
koza

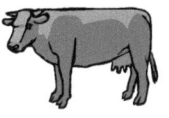

بقرة
krava

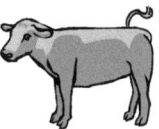

عجل
tele

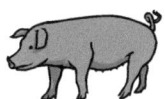

خنزير
svinja

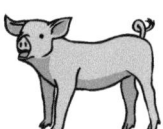

خنزير صغير
prase

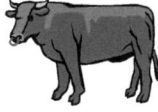

ثور
bik

إوزّة

guska

بطة

patka

صوص

pilići

دجاجة

kokoš

ديك

pijetao

جرذ

pacov

قطّة

mačka

فأر

miš

ثور

vol

كلب

pas

كوخ الكلب

kućica za psa

خرطوم الحديقة

vrtno crijevo

إبريق

kanta za polijevanje

منجل

kosa

المحراث

plug

منجل

srp

معزقة

motika

مذراة الزبل

vilica za gnojivo

بلطة

sjekira

عربة يد

tačke

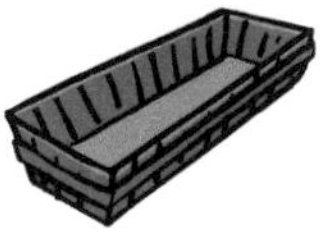

معلف

korito

صفيحة الحليب

posuda za mlijeko

كيس

vreća

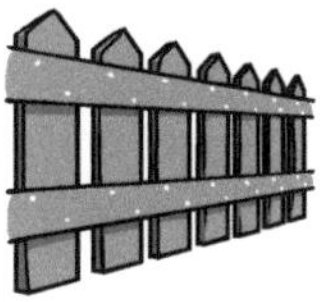

سياج

ograda

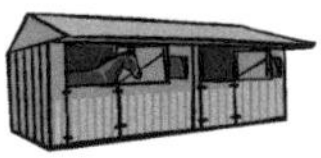

اصطبل

štala

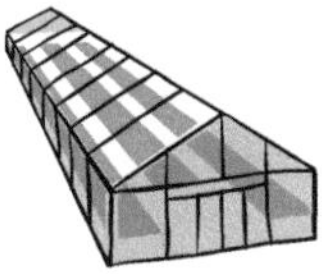

دفيئة

staklenik

تربة

zemlja

بذور

sjeme

سماد

gnojivo

حصّادة درّاسة

kombajn

يحصد

žanjati

محصول

žetva

بطاطا يامس

yams začin

قمح

pšenica

صويا

soja

بطاطا

krumpir

ذرة

kukuruz

سلجم

uljana repica

شجرة فاكهة

voćka

نبات منيهوت

gomolj manioke

الحبوب

žitarice

بيت
kuća

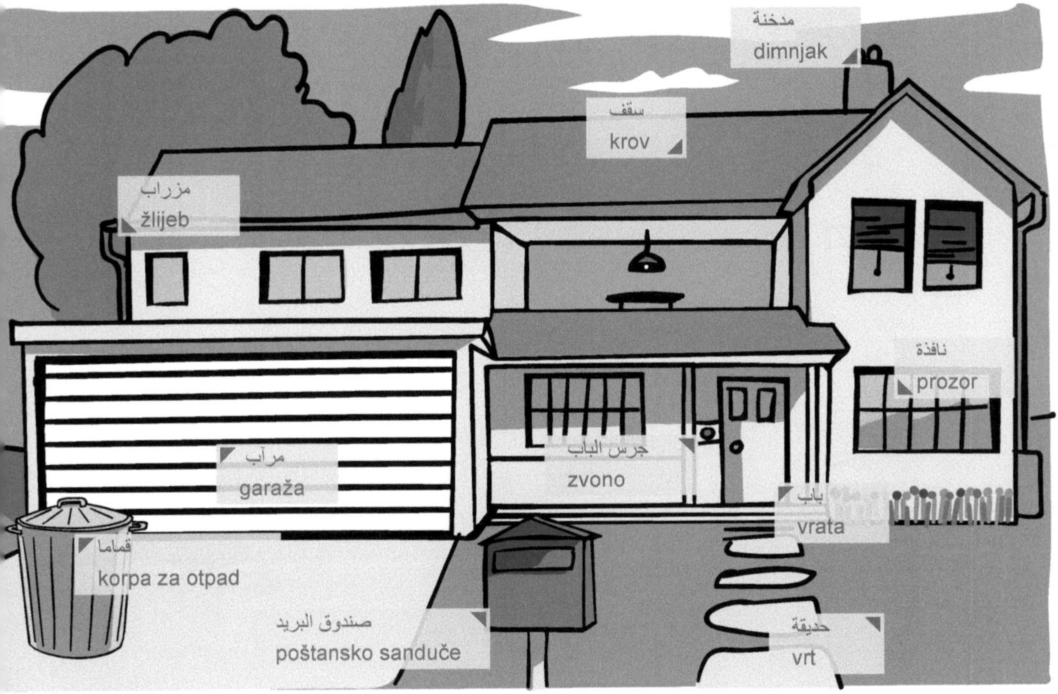
مدخنة
dimnjak
سقف
krov
مزراب
žlijeb
نافذة
prozor
مرآب
garaža
جرس الباب
zvono
باب
vrata
قماما
korpa za otpad
صندوق البريد
poštansko sandučе
حديقة
vrt

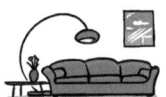

غرفة جلوس
dnevna soba

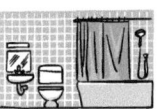

الحمّام
kupaonica

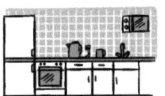

مطبخ
kuhinja

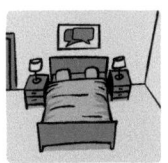

غرفة النوم
spavaća soba

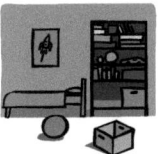

غرفة الأطفال
dječija soba

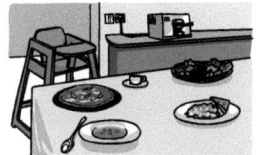

غرفة الطعام
trpezarija

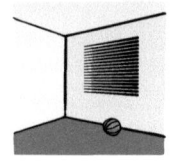

أرضية

pod

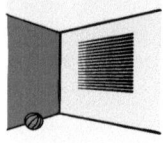

حائط

zid

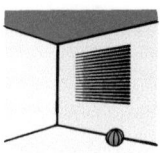

سقف

strop

قبو

podrum

ساونا

sauna

بلكون

balkon

شرفة

terasa

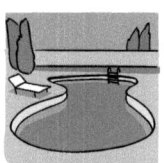

مسبح

bazen

جزّازة العشب

kosilica za travu

بياضات السرير

posteljina za krevet

بطانية

deka za krevet

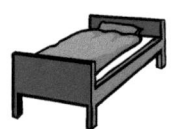

سرير

krevet

مكنسة

metla

سطل

kanta

مفتاح كهربائي

sklopka

غرفة جلوس
dnevna soba

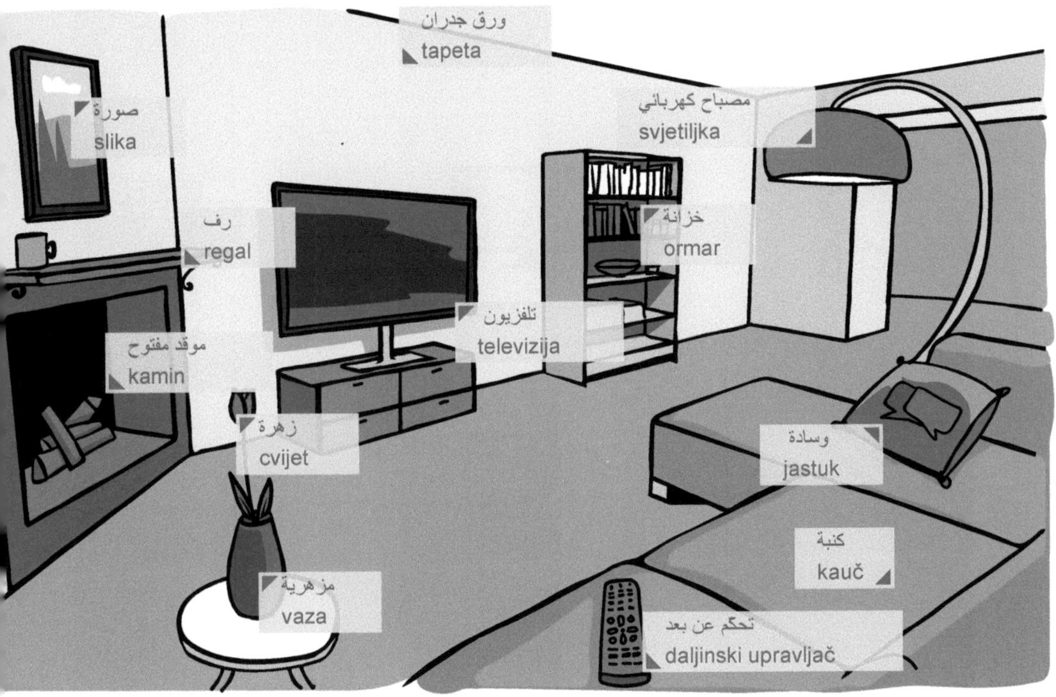
ورق جدران
tapeta
صورة
slika
مصباح كهربائي
svjetiljka
رف
regal
خزانة
ormar
تلفزيون
televizija
موقد مفتوح
kamin
زهرة
cvijet
وسادة
jastuk
كنبة
kauč
مزهرية
vaza
تحكم عن بعد
daljinski upravljač

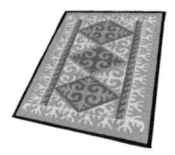

بصاط

tepih

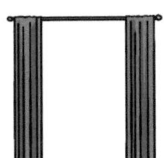

ستارة

zavjesa

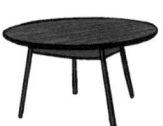

طاولة

stol

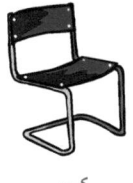

كرسي

stolica

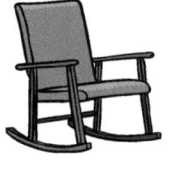

كرسي هزّاز

stolica za njihanje

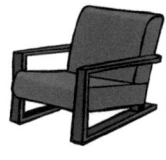

كرسي ذو ذراعين

fotelja

الكتاب

knjiga

بطانية

deka

زخرفة

dekoracija

الحطب

drvo za ogrjev

فيلم

film

تجهيزات ستيريو

stereo uređaj

مفتاح

ključ

جريدة

novine

لوحة مرسومة

slika na platnu

مُلصق

poster

راديو

radio

دفتر ملاحظات

blok za pisanje

المكنسة الكهربائية

usisavač

صبّار

kaktus

شمعة

svijeća

غرفة جلوس - dnevna soba

مطبخ
kuhinja

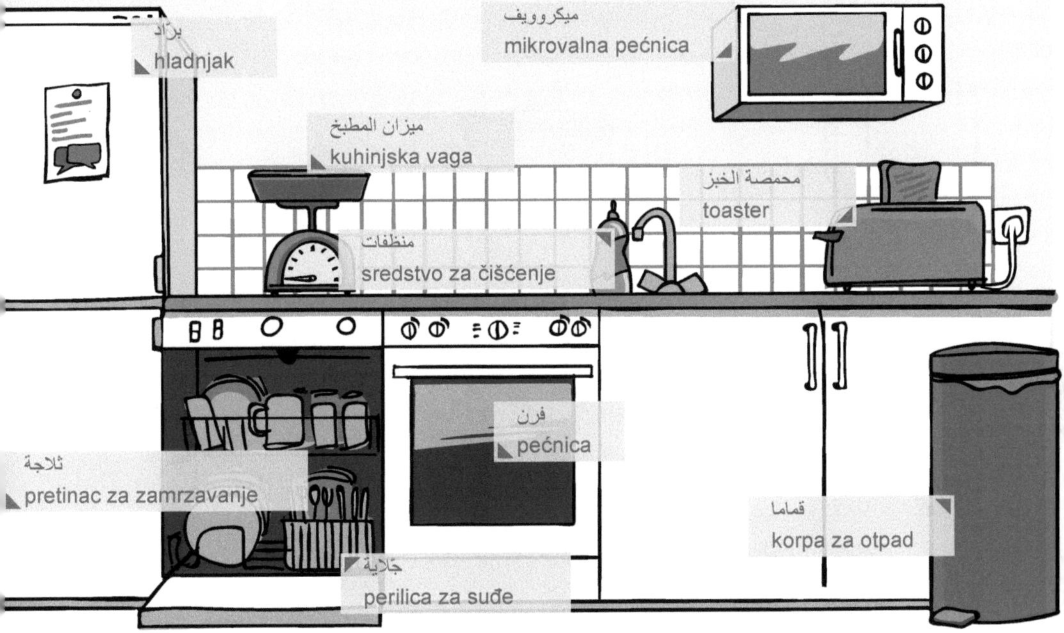

برّاد
hladnjak
ميكروويف
mikrovalna pećnica
ميزان المطبخ
kuhinjska vaga
محمصة الخبز
toaster
منظفات
sredstvo za čišćenje
فرن
pećnica
ثلاجة
pretinac za zamrzavanje
قماما
korpa za otpad
جَلاية
perilica za suđe

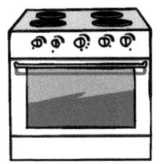

موقد
....
štednjak

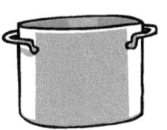

قِدر
....
lonac

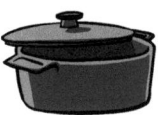

وعاء من الحديد
....
željezni lonac

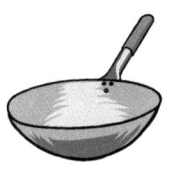

قدر صيني
....
wok / kadai

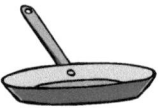

مقلاة
....
tava

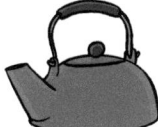

غلاية
....
kuhalo za vodu

قدر البخار

kuhalo na paru

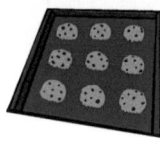

صينية

lim za pečenje

أواني

posuđe

فنجان

čaša

صحن

zdjela

عيدان الأكل

štapići za jelo

مغرفة

kutljača

ملعقة منبسطة

lopatica

خفاقة

pjenjača

مصفاة

sito za kuhanje

مصفاة

sito

مِبشرة

ribež

هاون

mužar

شواء

roštilj

موقد

ognjište

لوح التقطيع

daska

نشّابة

oklagija

مفتاح الزجاجات

vadičep

علبة

konzerva

مفتاح العلب المعدنية

otvarač konzervi

قماش الفرن

krpa za lonac

مجلى

sudoper

فرشاة

četka

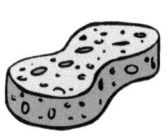

إسفنج

spužva

خلاط

mikser

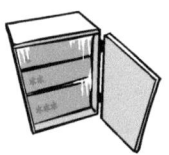

مجمّدة

zamrzivač

زجاجة الطفل

bočica za bebe

صنبور الماء

slavina za vodu

الحمّام

kupaonica

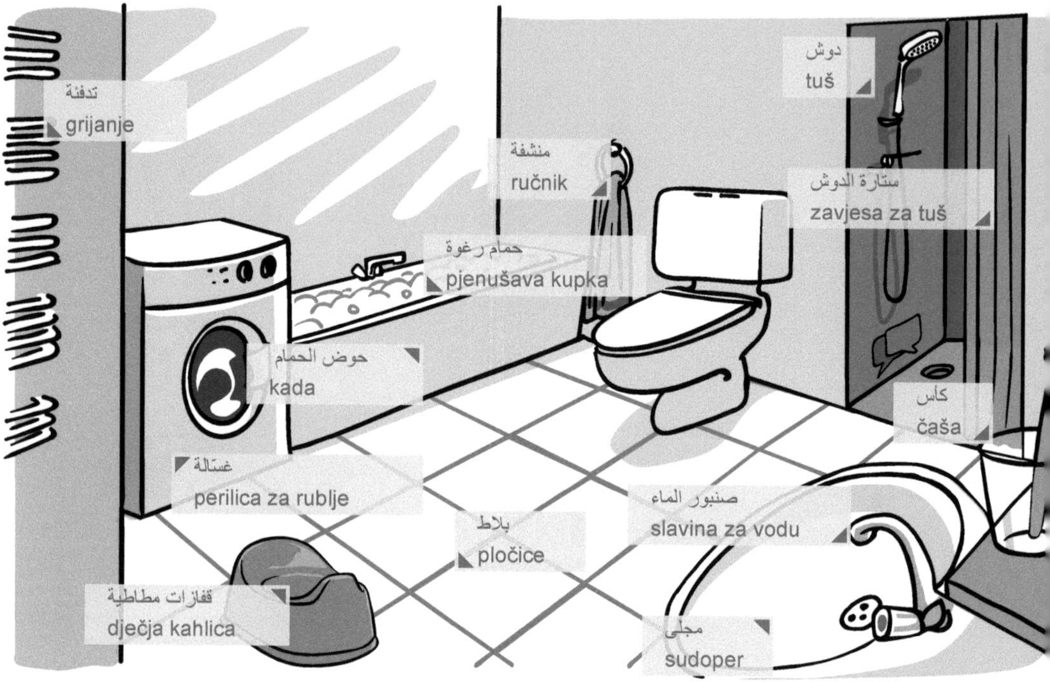

تدفئة
grijanje
منشفة
ručnik
دوش
tuš
ستارة الدوش
zavjesa za tuš
حمام رغوة
pjenušava kupka
حوض الحمام
kada
كأس
čaša
غسّالة
perilica za rublje
صنبور الماء
slavina za vodu
بلاط
pločice
قفازات مطاطية
dječja kahlica
مجلى
sudoper

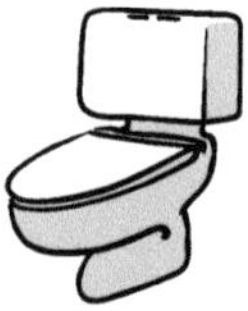

حمام
toalet

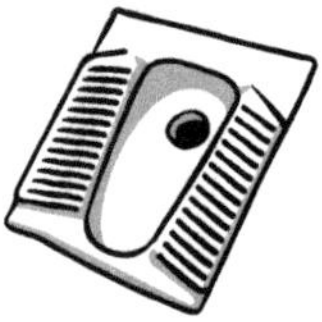

مرحاض القرفصاء
čučavac

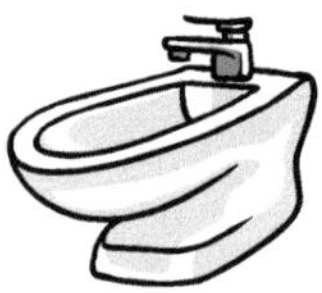

حوض التشطيف
bidet

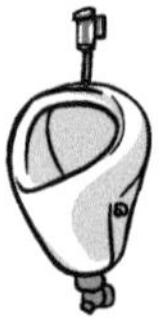

مبولة
pisoar

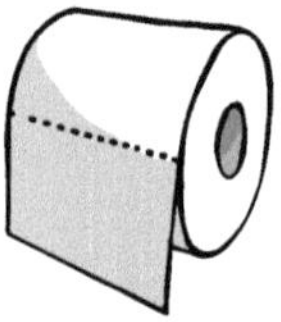

ورق المرحاض
papir za toalet

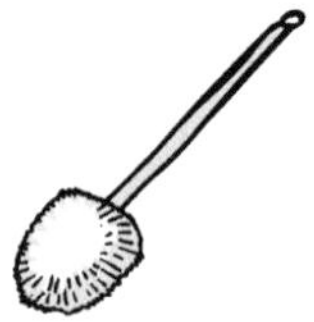

فرشاة الحمام
četka za toalet

فرشاة الأسنان

četkica za zube

معجون الأسنان

pasta za zube

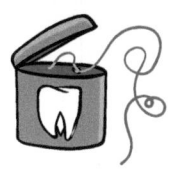

خيط حرير لتنظيف الأسنان

konac za zube

يغسل

prati

رشاش ماء يدوي

tuš ručica

شطاف

tuš za pranje intimnih dijelova

حوض الغسيل

lavor

فرشاة الظهر

četka za pranje leđa

صابون

sapun

جيل الدوش

gel za tuširanje

شامبو

šampon

ممسحة

krpa za pranje

مصرف للماء

odvod

مرهم

krema

مزيل الروائح

dezodorans

مرآة

ogledalo

مرآة يد

kozmetičko ogledalo

موس حلاقة

brijač

رغوة الحلاقة

pjena za brijanje

كولونيا

losion za poslije brijanja

مشط

češalj

فرشاة

četka

سشوار

sušilo za kosu

مثبت للشعر

sprej za kosu

ماكياج

makeup

روج

ruž za usne

طلاء أظافر

lak za nokte

قطن

vata

مقص أظافر

škare za nokte

عطر

parfem

سلّة الغسيل

neseser

مقعد صغير

stolica

ميزان

vaga

معطف الحمام

ogrtač

قفازات مطاطية

rukavice za čišćenje

سدادة قطنية

tampon

منشفة صحية

uložak

تواليت كيميائية

kemijski toalet

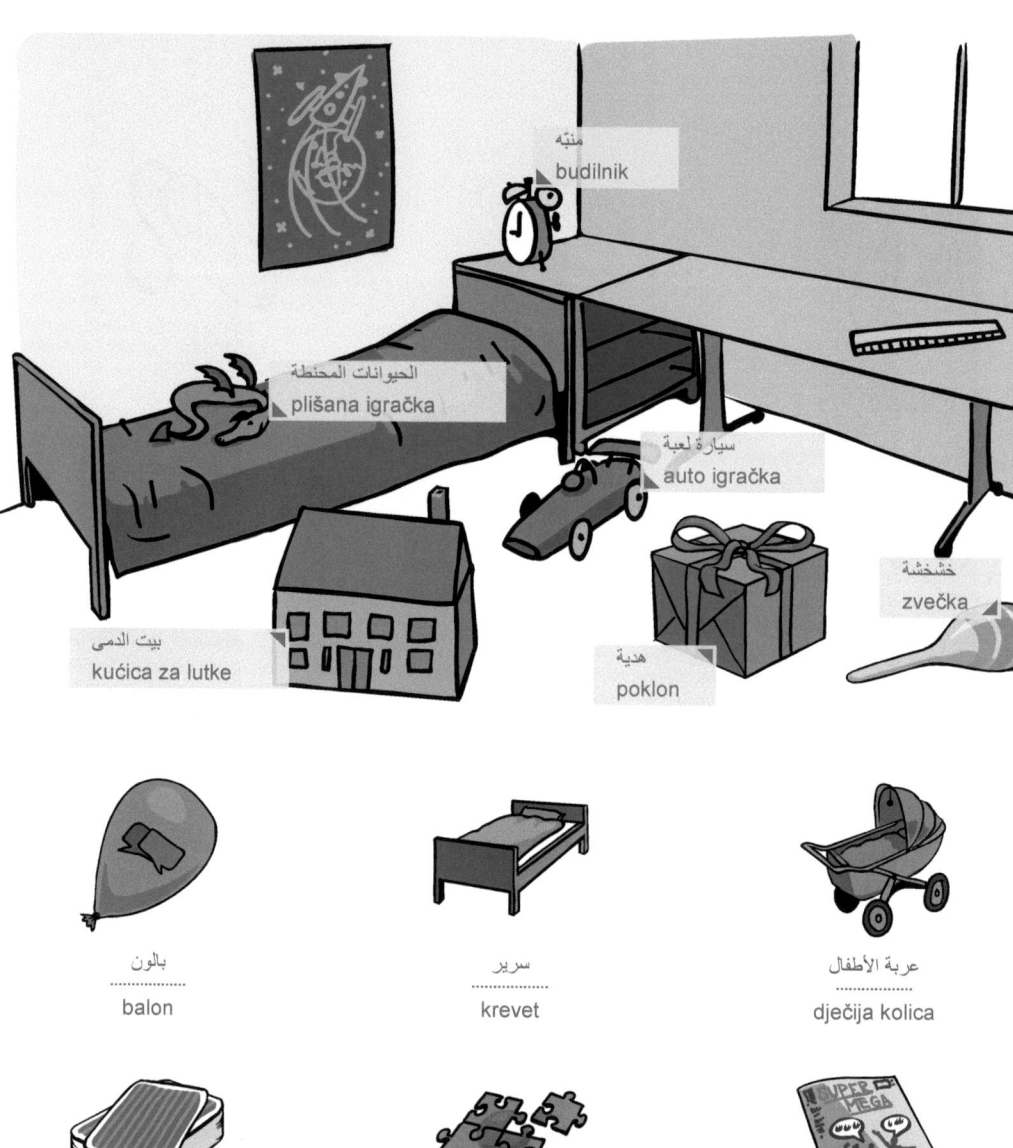

منبّه
budilnik

الحيوانات المحنطة
plišana igračka

سيارة لعبة
auto igračka

خشخشة
zvečka

بيت الدمى
kućica za lutke

هدية
poklon

بالون
balon

سرير
krevet

عربة الأطفال
dječija kolica

لعبة الورق
igra s kartama

أحجية
slagalica

رسوم هزلية
strip

أحجار الليغو

lego kockice

حجارة تركيب

kockice za slaganje

دمية بطل

akcioni junak

لباس الطفل

kombinezon za bebe

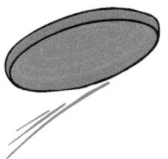

فريسبي

frizbi

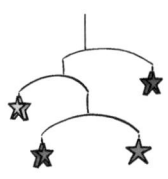

دمية معلّقة

viseće igračke

لعبة الطاولة

društvene igre

لعبة النرد

kocka

لعبة قطار

minijaturna željeznica

مصّاصة

duda

حفلة

tulum

كتاب مصوّر

slikovnica

كرة

lopta

دمية

lutka

يلعب

igrati

ملعب رملي للأطفال

pješčanik

أرجوحة

ljuljačka

لعبة

igračka

ألعاب فيديو

konzola za igre

دراجة ثلاثية

tricikl

دمية على شكل الدب

plišani medo

خزانة الثياب

ormar

ثياب

odjeća

جوارب قصيرة

kratke čarape

جوارب طويلة

čarape

جورب بنطلون

hulahopke

شال
šal

شمسية
kišobran

تي شيرت
t-shirt

حزام
kaiš

حذاء شتوي
čizme

شبشب
papuče

أحذية رياضية
patike

صندل
....
sandale

حذاء
....
cipele

جزمة كاوتشوك
....
gumene čizme

سروال داخلي
....
gaćice

صدّارة
....
grudnjak

قميص داخلي
....
potkošulja

ثياب - odjeća

لباس ملاصق للجسم

bodi

بنطلون

hlače

جينز

džins

تنورة

haljina

بلوزة

bluza

قميص

košulja

سترة قطنية

džemper

كنزة كم طويل

pulover s kapuljačom

سترة فضفاضة

blejzer

سترة

jakna

معطف

kaput

معطف مطري

kabanica

زي - طقم نسائي

kostim

ثوب

haljina

ثوب الزفاف

vjenčanica

طقم

odijelo

قميص نوم

spavaćica

بيجاما

pidžama

ساري

sari

حجاب

rubac

عمامة

turban

برقع

burka

قفطان

kaftan

عباءة

abaja

مايوه

kupaći kostim

سروال سباحة

kupaće gaćice

شرت

kratke hlače

بدلة رياضية

odjeća za trening

مئزر

pregača

قفازات

rukavice

زر

gumb

نظّارة

naočale

إسوارة

narukvica

عقد

ogrlica

خاتم

prsten

قرط

naušnica

طاقيّة

kapa

علاقة ثياب

vješalica

قبّعة

šešir

ربطة العنق

kravata

سحّاب

patent zatvarač

خوذة

kaciga

حمّالة البنطلون

naramenice

اللباس المدرسي

školska uniforma

زي موحّد

uniforma

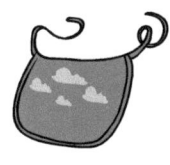

مريلة الأطفال

podbradak

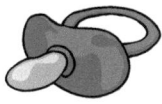

مصّاصة

duda

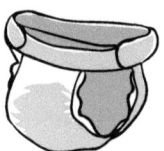

لفافة

pelena

مكتب

ured

المخدّم
server
خزانة الملفات
ormar za spise
طابعة
pisač
ورقة
papir
شاشة
monitor
فارة
miš
طاولة المكتب
pisaći stol
ملف
mapa
لوحة المفاتيح
tipkovnica
كرسي
stolica
قماما
košara za papir
حاسوب
računar

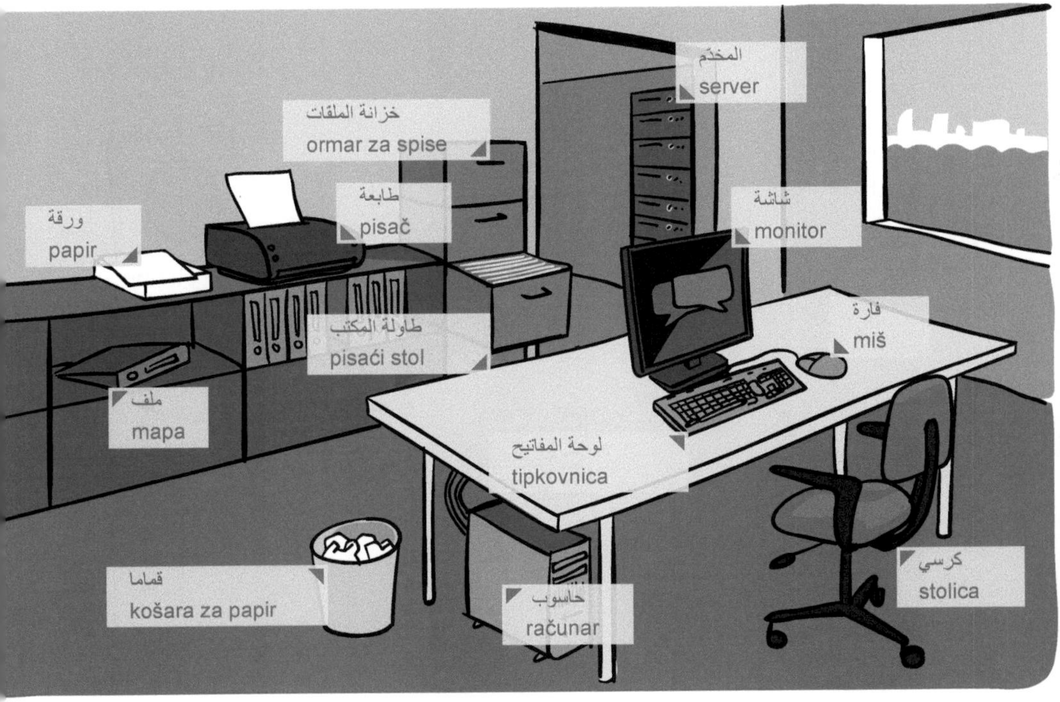

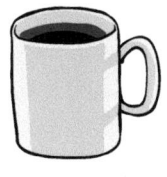

كأس من القهوة

šalica za kavu

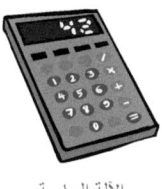

الآلة الحاسبة

kalkulator

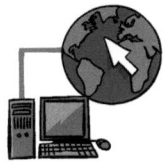

الإنترنت

internet

الحاسوب المحمول

laptop

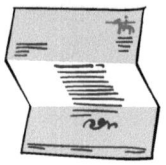

رسالة

pismo

خبر

poruka

الهاتف المحمول

mobilni telefon

شبكة

mreža

جهاز تصوير

uređaj za kopiranje

البرمجيات

softver

هاتف

telefon

مقبس كهربائي

utičnica

فاكس

faks

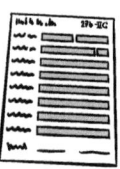

استمارة

obrazac

وثيقة

dokument

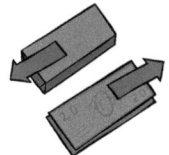

يشتري

kupovati

يدفع

platiti

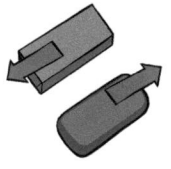

يتاجر

trgovati

مال

novac

دولار

dolar

يورو

euro

ين

jen

روبل

rubalj

فرنك سويسري

švicarski franak

يوان

renmindbi yuan

روبية

rupija

صرّاف آلي

automat za novac

مكتب صرافة

mjenjačnica

ذهب

zlato

فضة

srebro

نفط

nafta

طاقة

energija

سعر

cijena

عقد

ugovor

ضريبة

porez

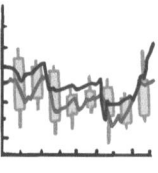

سهم

dionica

يعمل

raditi

موظف

službenik

رب العمل

poslodavac

مصنع

tvornica

متجر

prodavaonica

المِهَن
zanimanja

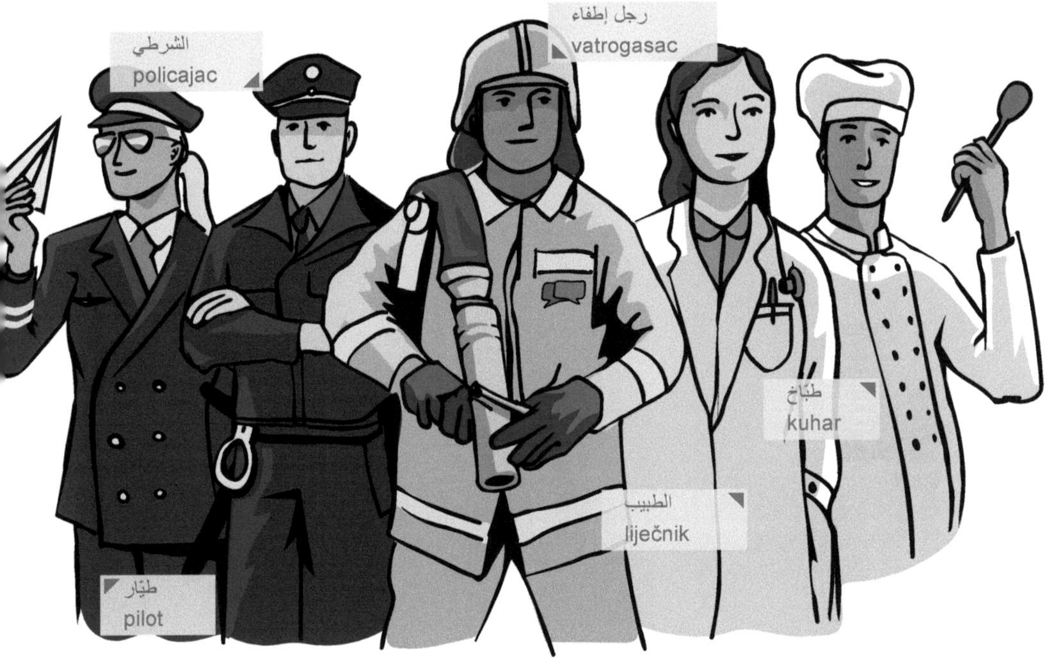
رجل إطفاء
vatrogasac
الشرطي
policajac
طبّاخ
kuhar
الطبيب
liječnik
طيّار
pilot

بستاني
vrtlar

نجّار
stolar

خيّاطة
krojačica

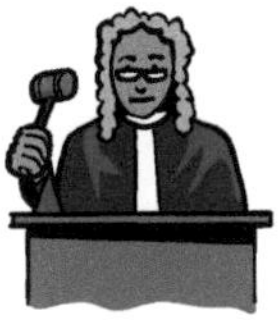

قاض
sudija

كيميائي
kemičar

ممثل
glumac

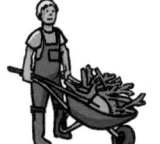

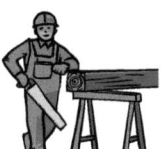

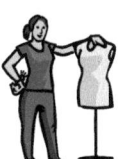

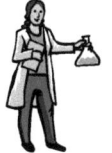

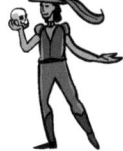

سائق حافلة

vozač autobusa

سائق تاكسي

vozač taksija

صياد سمك

ribar

أجيرة للتنظيف

čistačica

بنّاء سقف

krovopokrivač

نادل

konobar

صيّاد

lovac

رسّام

slikar

خباز

pekar

كهربائي

električar

عامل بناء

građevinski radnik

مهندس

inženjer

لحّام

mesar

سمكري

limar

ساعي البريد

poštar

المِهَن - zanimanja

جندي

vojnik

مهندس معماري

arhitekta

أمين صندوق

blagajnik

بائع الزهور

cvjećar

حلاق

frizer

مراقب القطار

kondukter

ميكانيكي

mehaničar

قبطان

kapetan

طبيب أسنان

zubar

رجل العلم

znanstvenik

حاخام

rabi

إمام

imam

راهب

monah

كاهن

svećenik

عدة عمل

alati

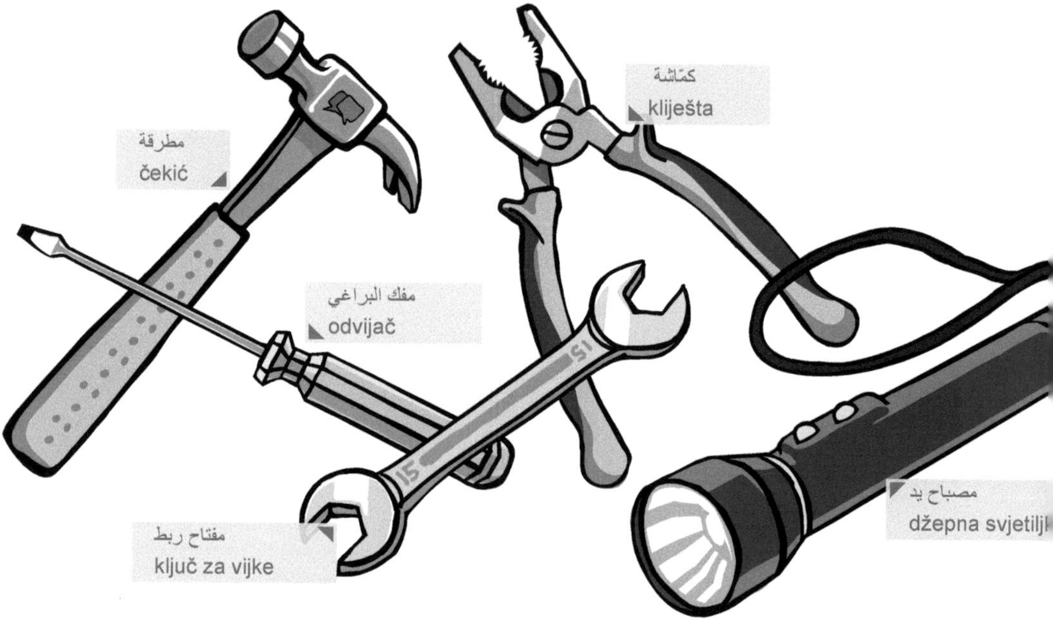

مطرقة
čekić
كماشة
kliješta
مفك البراغي
odvijač
مفتاح ربط
ključ za vijke
مصباح يد
džepna svjetilj

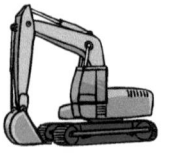

جرافة
rovokopač

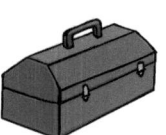

صندوق العدة
kutija za alat

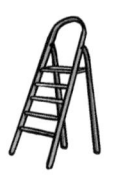

سلم
ljestve

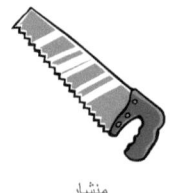

منشار
pila

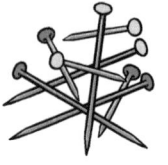

مسامير
ekser

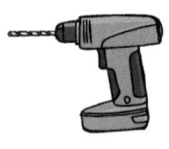

مثقب
bušilica

يصلح

popraviti

مجرفة

lopata

اللعنة

Sranje!

لقاطة الكناسة

lopatica

سطل الألوان

lonac za boju

براغي

vijci

آلات موسيقية

glazbeni instrument

آلات الإيقاع
bubnjevi

مكبر الصوت
zvučnik

غيتار
gitara

كمان أجهر
kontrabas

بوق
truba

بيانو

klavir

كمنجة

violina

جهير

bas

طبل كبير

timpani

طبل

udaraljke za bubnjeve

بيانو كهربائي

keyboard

ساكسوفون

saksofon

ناي

flauta

ميكروفون

mikrofon

حديقة حيوانات

zoološki vrt

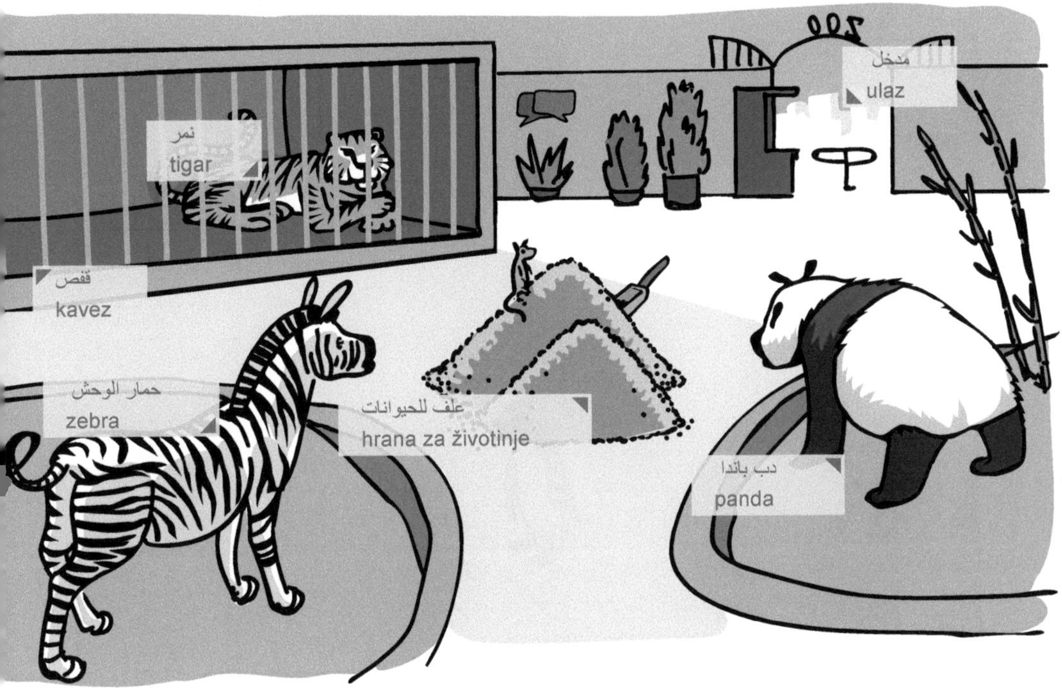

مدخل
ulaz
نمر
tigar
قفص
kavez
حمار الوحش
zebra
علف للحيوانات
hrana za životinje
دب باندا
panda

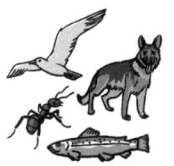

حيوانات

životinje

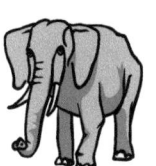

فيل

slon

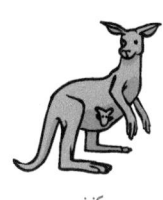

كنغر

kengur

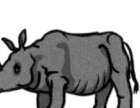

وحيد القرن

nosorog

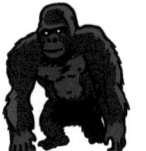

غوريلا

gorila

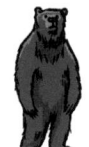

دب

medvjed

جمل

kamila

نعامة

noj

أسد

lav

قرد

majmun

طائر فلامينغو

flamingo

ببغاء

papagaj

دب قطبي

polarni medvjed

بطريق

pingvin

سمك القرش

ajkula

طاووس

paun

أفعى

zmija

تمساح

krokodil

حارس في حديقة الحيوان

čuvar u zoološkom vrtu

عجل البحر

tuljan

نمر أمريكي مرقط

jaguar

فرس قزم

poni

نمر

leopard

فرس النهر

nilski konj

زرافة

žirafa

نسر

orao

خنزير برّي

divlja svinja

سمك

riba

سلحفاة

kornjača

حيوان فظ البحري

morž

ثعلب

lisica

غزال

gazela

رياضة

šport

كرة القدم الأمريكية
americki nogomet

ركوب الدراجات
biciklizam

كرة التنس
tenis

كرة السلة
košarka

السباحة
plivanje

الملاكمة
boks

هوكي الجليد
hockey na ledu

كرة القدم
....
nogomet

الريشة الطائرة
....
badminton

ألعاب القوى الخفيفة
....
atletika

كرة اليد
....
rukomet

التزلج على الثلج
....
skijanje

بولو
....
polo

62   رياضة - šport

يقفز
skočiti

يعانق
zagrliti

يضحك
smijati se

يمشي
ići

يغنّي
pjevati

يصلّي
moliti se

يقبل
poljubiti

يحلم
sanjati

يكتب
pisati

يرسم
crtati

يُري
pokazati

يدفع
gurati

يعطي
dati

يأخذ
uzeti

يملك

imati

يعمل

činiti

يوجد

biti

يقف

stojati

يركض

trčati

يسحب

povlačiti

يرمي

baciti

يقع

padati

يستلقي

ležati

ينتظر

čekati

يحمل

nositi

يجلس

sjediti

يلبس

oblačiti

ينام

spavati

يستيقظ

probuditi se

نشاطات - aktivnosti

ينظر إلى ..

gledati

ييكي

plakati

يمسّد

milovati

يمشّط

češljati

يتكلم

govoriti

يفهم

razumjeti

يسأل

pitati

يسمع

slušati

يشرب

piti

يأكل

jesti

يرتب

pospremiti

يحب

voljeti

يطبخ

kuhati

يقود

voziti

يطيّر

letjeti

يبحر بزورق شراعي

ploviti

يحسب

računati

يقرأ

čitati

يتعلم

učiti

يعمل

raditi

يتزوج

vjenčati se

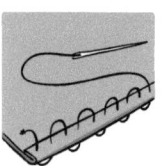

يخيط

šiti

ينظف أسنانه

prati zube

يقتل

ubiti

يدخّن

pušiti

يرسل

poslati

جدّة
baka

جدّ
djed

أب
otac

أم
majka

الطفل
beba

ابنة
kćerka

ابن
sin

ضيف
gost

عمّة / خالة
tetka

عمّ / خال
ujak, stric

أخ
brat

أخت
sestra

الجسم

tijelo

الجبين
čelo
العين
oko
الكتف
rame
الإصبع
prst
الوجه
lice
الذقن
brada
اليد
ruka
الساق
noga
الصدر
grudi
الذراع
ruka

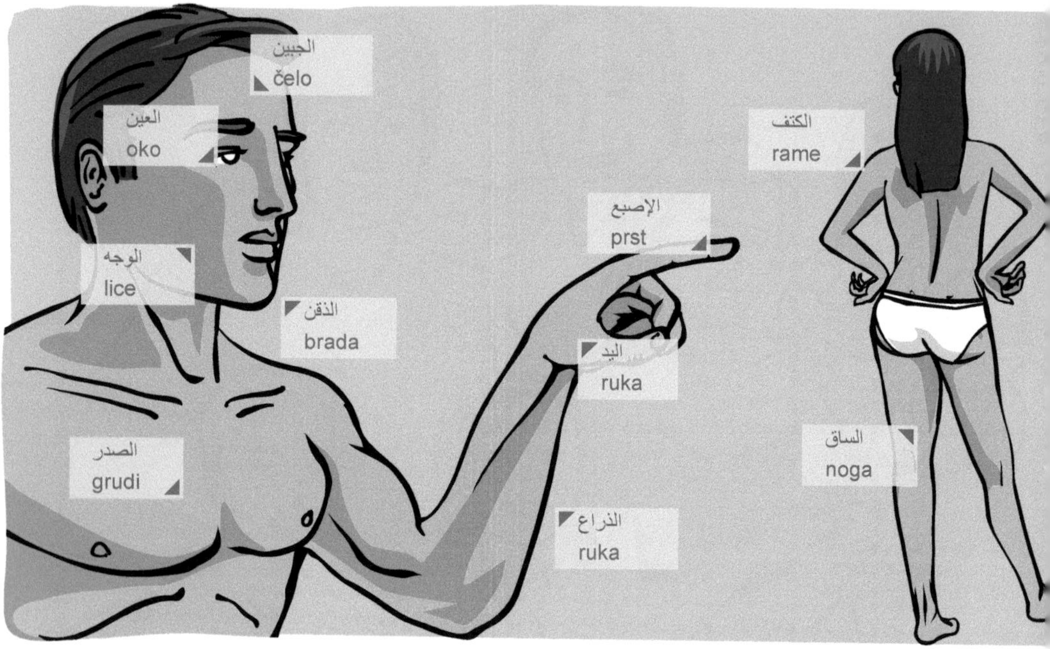

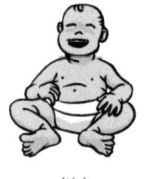

الطفل

beba

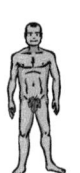

الرجل

muškarac

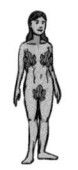

المرأة

žena

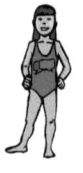

البنت

djevojčica

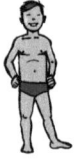

الولد

dječak

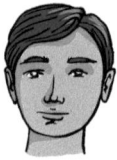

الرأس

glava

الظهر

leđa

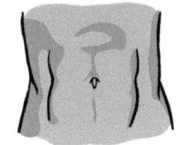

البطن

trbuh

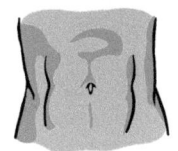

السرّة

pupak

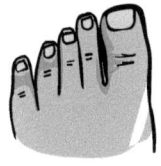

إصبع القدم

nožni prst

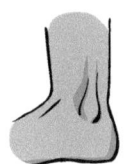

الكعب

peta

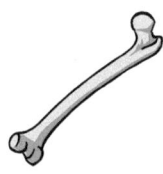

العظم

kost

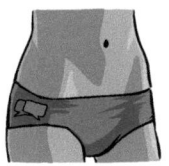

الورك

kuk

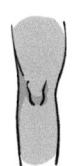

الركبة

koljeno

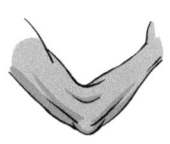

المرفق

lakat

الأنف

nos

العَجُز

stražnjica

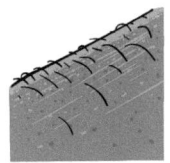

البشرة

koža

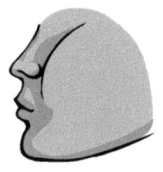

الخد

obraz

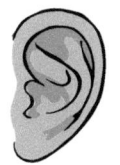

الأذن

uho

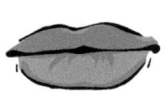

الشفة

usna

الفم
....
usta

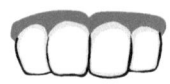

السن
....
zub

اللسان
....
jezik

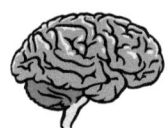

الدماغ
....
mozak

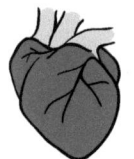

القلب
....
srce

العضلة
....
mišić

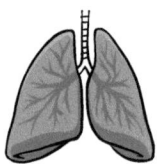

الرئة
....
pluća

الكبد
....
jetra

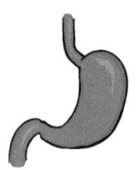

المعدة
....
želudac

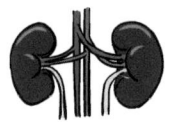

الكلى
....
bubrezi

الاتصال الجنسي
....
snošaj

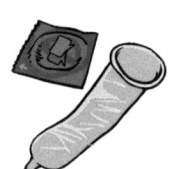

الواقي المطاطي
....
kondom

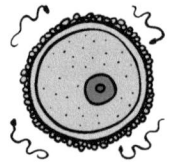

البويضة
....
jajna stanica

المنيّ
....
sperma

الحمل
....
trudnoća

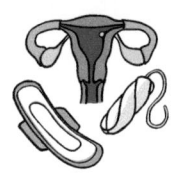

الحيض

menstruacija

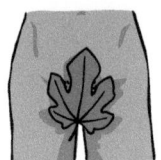

المهبل

vagina

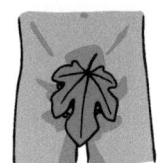

القضيب

penis

الحاجب

obrva

الشعر

kosa

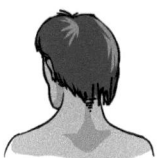

الرقبة

vrat

المستشفى

bolnica

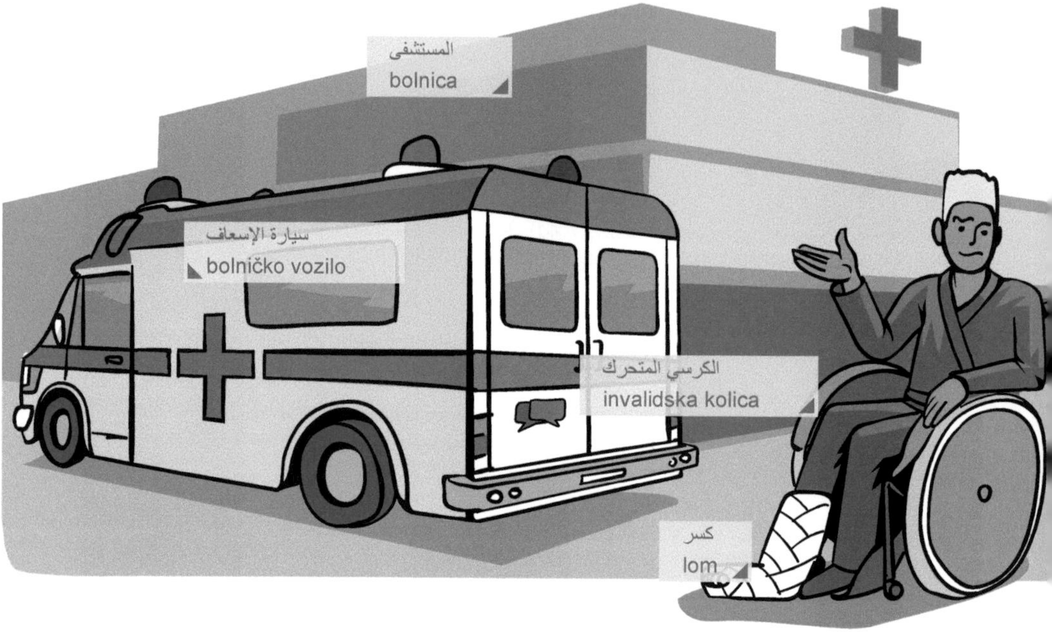

المستشفى
bolnica
سيارة الإسعاف
bolničko vozilo
الكرسي المتحرك
invalidska kolica
كسر
lom

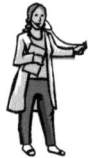

الطبيب

lječnik

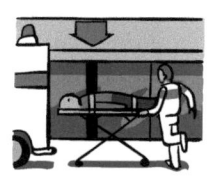

غرفة الإسعاف

hitna medicinska služba

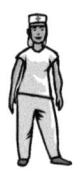

الممرضة

medicinska sestra

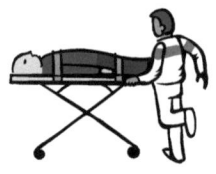

حالة

hitni slučaj

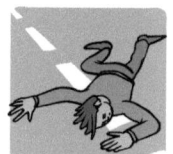

مغمى عليه

nesvijest

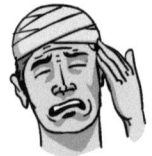

الألم

bol

إصابة

ozljeda

النزيف

krvarenje

احتشاء القلب

srćani infarkt

جلطة

moždani udar

حسسية

alergija

السعال

kašalj

الحُمّى

groznica

إنفلونزا

gripa

الإسهال

proljev

وجع الرأس

glavobolja

السرطان

rak

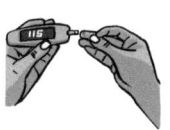

مرض السكر

dijabetes

جرّاح

kirurg

مبضع

skalpel

عملية

operacija

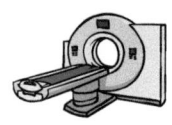

سيتي سكان

ct

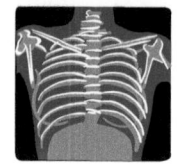

الأشعة السينية

rentgen

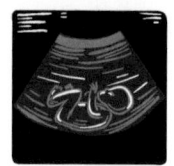

فوق الصوتي

ultrazvuk

القناع

maska

المرض

bolest

غرفة الانتظار

čekaonica

العُكّاز

štaka

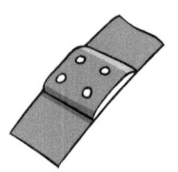

شريط لاصق

flaster

ضماد

zavoj

حقنة

injekcija

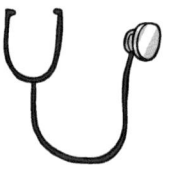

سمّاعة الطبيب

stetoskop

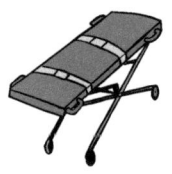

نقالة

nosilo

ميزان حرارة

termometar

ولادة

rođenje

وزن زائد

prekomjerna težina

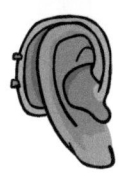

جهاز السمع

slušni aparat

المواد المعقمة

sredstvo za dezinfekciju

عدوى

infekcija

فيروس

virus

الإيدز

hiv / sida

الطب

medicina

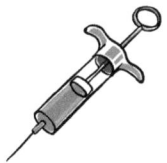

اللقاح

vakcinacija

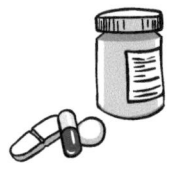

أقراص الدواء

tablete

حبّة الدواء

pilula

نداء النجدة

poziv u pomoć

مقياس ضغط الدم

uređaj za mjerenje tlaka

مريض / صحيح

bolesno / zdravo

النجدة!

pomoć!

إنذار

alarm

اعتداء

nasrtaj

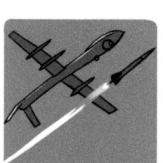

هجوم

napad

خطر

opasnost

مخرج طوارئ

izlaz za nuždu

حريق!

požar!

جهاز الإطفاء

vatrogasni aparat

حادث

nezgoda

حقيبة الإسعاف الأولي

kofer prve pomoći

أنقذونا

sos

الشرطة

policija

أوروبا

Europa

أمريكا الشمالية

sjeverna amerika

أمريكا الجنوبية

južna amerika

أفريقيا

Afrika

آسيا

Azija

أستراليا

Australija

المحيط الأطلسي

Atlantik

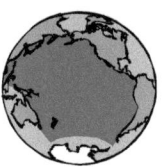

المحيط الهادي

Pacifik

المحيط الهندي

ocean

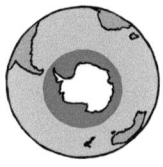

المحيط المتجمد الجنوبي

antarktički ocean

المحيط المتجمد الشمالي

arktički ocean

القطب الشمالي

sjeverni pol

القطب الجنوبي
....
južni pol

منطقة القطب الجنوبي
....
Antarktik

أرض
....
zemlja

بر
....
zemlja

بحر
....
more

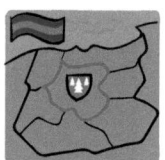

جزيرة
....
otok

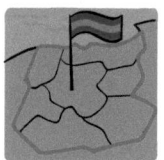

أمة
....
nacija

دولة
....
država

ميناء الساعة

brojčanik sata

عقرب الساعات

satna kazaljka

عقرب الدقائق

minutna kazaljka

عقرب الثواني

sekundna kazaljka

كم الساعة الآن؟

Koliko je sati?

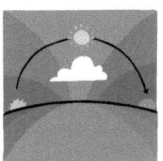

يوم

dan

زمن

vrijeme

الآن

sada

ساعة رقمية

digitalni sat

دقيقة

minuta

ساعة

sat

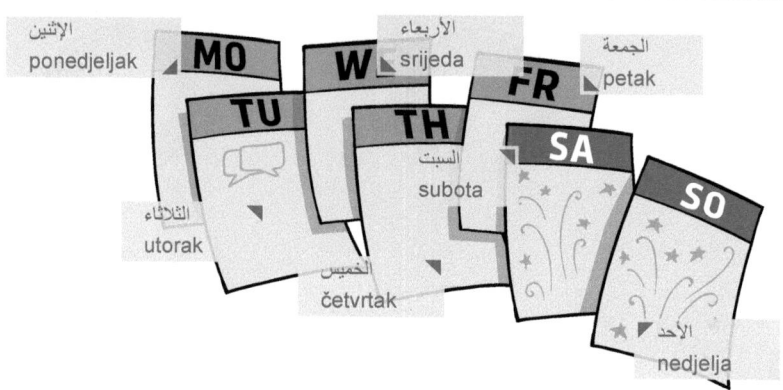

الإثنين
ponedjeljak

الأربعاء
srijeda

الجمعة
petak

الثلاثاء
utorak

السبت
subota

الخميس
četvrtak

الأحد
nedjelja

الأمس
jučer

اليوم
danas

غداً
sutra

الصباح
jutro

الظهر
podne

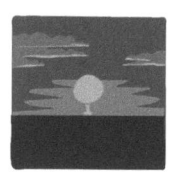

المساء
večer

أيام العمل
radni dani

نهاية الأسبوع
vikend

سنة

godina

مطر
kiša
قوس قزح
duga
ريح
vjetar
ثلج
snijeg
الربيع
proljeće
الصيف
ljeto
الخريف
jesen
الشتاء
zima

4.APRIL 11°
5.APRIL 4°
6.APRIL 13°
7.APRIL 8°
8.APRIL 10°

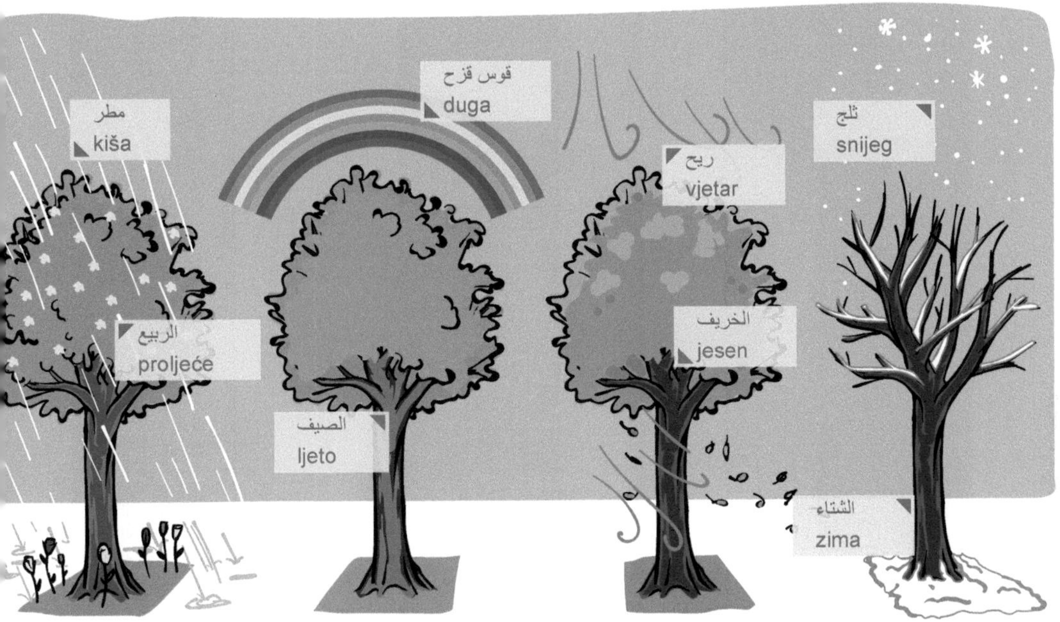

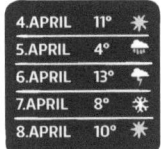

التنبّؤ بالحالة الجوية

....

meteorološka prognoza

F C
120 90 60 30 0 -30
40 30 20 10 0 -10 -20

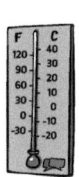

مقياس حرارة

....

termometar

ضوء الشمس

....

sunčana svjetlost

سحابة

....

oblak

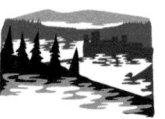

ضباب

....

magla

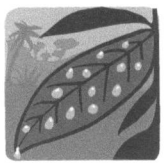

رطوبة الجو

....

vlažnost zraka

برق

munja

رعد

grmljavina

عاصفة

oluja

بَرَد

tuča

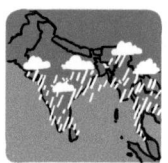

ريح موسمية

monsun

طوفان

poplava

جليد

led

كانون الثاني / يناير

siječanj

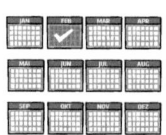

شباط / فبراير

veljača

آذار / مارس

ožujak

نيسان / أبريل

travanj

أيار / مايو

svibanj

حزيران / يونيو

lipanj

تموز / يوليو

srpanj

آب / أغسطس

kolovoz

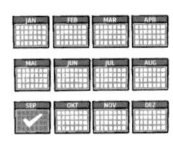

أيلول / سبتمبر
....
rujan

تشرين الأول / أكتوبر
....
listopad

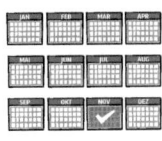

تشرين الثاني / نوفمبر
....
studeni

كانون الأول / ديسمبر
....
prosinac

أشكال

oblici

دائرة
....
krug

مربّع
....
kvadrat

مستطيل
....
pravokutnik

مثلّث
....
trokut

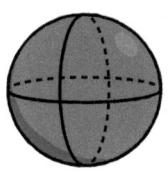

كرة
....
kugla

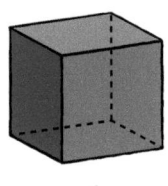

مكعّب
....
kocka

أبيض

bijela

أصفر

žuta

برتقالي

narančasta

وردي

ružičasta

أحمر

crvena

بنفسجي

ljubičasta

أزرق

plava

أخضر

zelena

بنّي

smeđa

رمادي

siva

أسود

crna

كثير / قليل

mnogo / malo

غضبان / هادئ

ljutito / mirno

جميل / قبيح

lijepo / ružno

بداية / نهاية

početak / kraj

كبير / صغير

veliko / maleno

فاتح / قاتم

svijetlo / tamno

أخ / أخت

brat / sestra

نظيف / وسخ

čisto / prljavo

كامل / ناقص

potpuno / nepotpuno

نهار / ليل

dan / noć

ميت / حيّ

mrtvo / živo

عريض / ضيّق

široko / usko

صالح للأكل / غير صالح

jestivo / nejestivo

شرّير / لطيف

zlo / dobro

مثير / ممل

uzbuđeno / dosadno

سمين / نحيف

debelo / mršavo

أولاً / أخيراً

na početku / na kraju

صديق / عدو

prijatelj / neprijatelj

مليء / فارغ

puno / prazno

صلب / لّين

tvrdo / mekano

ثقيل / خفيف

teško / lagano

جوع / عطش

glad / žeđ

مريض / صحيح

bolesno / zdravo

غير شرعي / شرعي

ilegalno / legalno

ذكي / غبي

pametno / glupo

يسار / يمين

lijevo / desno

قريب / بعيد

blizu / daleko

جديد / مستعمل

novo / rabljeno

لا شيء / بعض الشيء

ništa / nešto

مسن / شاب

staro / mlado

يشعل / يطفئ

uključeno / isključeno

مفتوح / مغلق

otvoreno / zatvoreno

خافت / عالٍ

tiho / glasno

غني / فقير

bogato / siromašno

صح / خطأ

točno / pogrešno

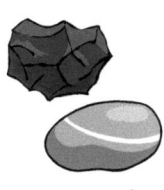

أحرش / املس

hrapavo / glatko

حزين / سعيد

tužno / sretno

قصير / طويل

kratko / dugo

بطيء / سريع

polako / brzo

مبلول / جاف

mokro / suho

ساخن / بارد

toplo / hladno

حرب / سلم

rat / mir

الأضداد - suprotnosti

brojevi

0	1	2
صفر	واحد	اثنان
nula	jedan	dva

3	4	5
ثلاثة	أربعة	خمسة
tri	četiri	pet

6	7	8
ستة	سبعة	ثمانية
šest	sedam	osam

9	10	11
تسعة	عشرة	أحد عشر
devet	deset	jedanaest

12

اثنا عشر

dvanaest

13

ثلاثة عشر

trinaest

14

أربعة عشر

četrnaest

15

خمسة عشر

petnaest

16

ستة عشر

šestnaest

17

سبعة عشر

sedamnaest

18

ثمانية عشر

osamnaest

19

تسعة عشر

devetnaest

20

عشرون

dvadeset

100

مائة

stotinu

1.000

ألف

tisuću

1.000.000

مليون

milijun

الإنكليزية

engleski

الإنكليزية الأمريكية

američko engleski

لغة ماندارين الصينية

kinesko mandarinski

الهندية

hindi

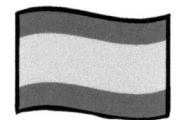

الإسبانية

španjolski

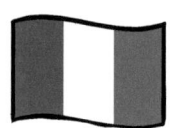

الفرنسية

francuski

العربية

arapski

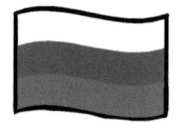

الروسية

ruski

البرتغالية

portugalski

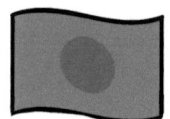

البنغالية

bengalski

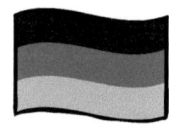

الألمانية

njemački

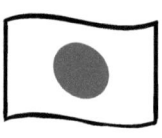

اليابانية

japanski

أنا

ja

أنت

ti

هو / هي

on / ona / ono

نحن

mi

أنتم

vi

هم

oni

من؟

tko?

ماذا؟

što?

كيف؟

kako?

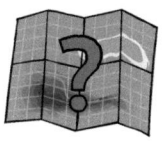

أين؟

gdje?

متى؟

kada?

اسم

ime

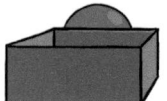

خلف
....
iza

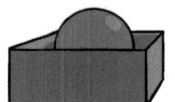

في
....
u

أمام
....
ispred

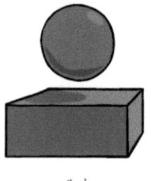

فوق
....
preko

على
....
na

تحت
....
ispod

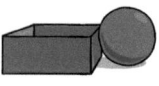

جنب
....
pored

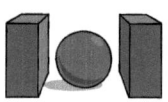

بين
....
između

مكان
....
mjesto